Anelly Schwab Alfaro

Kingly y yo: un paseo por el cañaveral

A BILINGUAL BOOK

Kingly and I: A Trip around the Sugar Cane Farm

Archway Publishing books may be ordered through booksellers or by contacting:

Archway Publishing
1663 Liberty Drive
Bloomington, IN 47403
www.archwaypublishing.com
1 (888) 242-5904

ISBN: 978-1-4808-7085-7 (sc)
ISBN: 978-1-4808-7086-4 (hc)
ISBN: 978-1-4808-7084-0 (e)

Print information available on the last page.

Archway Publishing rev. date: 03/13/2019

KINGLY Y YO:

un paseo por el cañaveral

Anelly Schwab Alfaro

A BILINGUAL BOOK

Kingly and I: a trip around a sugar cane farm

DEDICACIÓN

Este cuento va dedicado a mis abuelos Luis y América Duluc
con quienes pasé muchos veranos felices en el campo.

DEDICATION

This story is dedicated to my grandparents Luis and America Duluc
with whom I spent many happy summers at the farm.

ACKNOWLEDGMENT

I want to thank Nicholas Schwab for his encouragement and assistance in making this book possible. His attention to detail, made me a better writer and illustrator. His constant checking up on me, kept me going. His enthusiasm for this project made this a fun, loving endeavor.

Kingli y yo
¡Bienvenidos al cañaveral!

"Kingli y yo" es un cuento que te
enseñará palabras en español
o inglés mientras paseas por el
cañaveral en mi lindo caballo Kingly.

Ya verás lo divertido que es saber
acerca de mi caballito Kingli y la
vida en el campo de caña de azúcar.
¡Léelo cuando quieras, cuando estés
en casa o en tu auto o en el avión!

Kingli and I
Welcome to the sugarcane plantation!

"Kingly and I" is a story that will teach you words in
Spanish or English while you ride all around a sugar
cane plantation on my beautiful horse, Kingly.

You will see how fun it is to learn about my pony Kingly and
life at the sugar cane farm. Read it whenever you want,
when you are at home or in your car or on the airplane!

El cuento

Esta es una historia verdadera...Kingly fue mi
caballo y el de unos otros muy queridos 19 primos...
¡Todos aprendimos a montar a caballo con Kingly
y todos montábamos por el cañaveral!

Villa Hermosa, La Romana, República Dominicana

The story

This is a true story... Kingly was my horse and that of some
other very dear 19 cousins ...We all learned to ride a horse
with Kingly and we all rode around the sugar cane farm!

Villa Hermosa, La Romana, Dominican Republic

Un paseo por el cañaveral

¡Adelante!

A trip around a sugar cane farm

Go ahead!

El sol es nuevo cada día.

Heráclito

The Sun is new each day.

Heraclitus

Kingli es mi caballo que monto cuando voy al campo.

Es alto y fuerte y lleva una estrella en la frente.

Kingli is my horse that I ride when I go to the farm.

He is tall and strong and has a star on its forehead.

Cuando Kingli me ve se pone muy contento.

Primero le acaricio el hocico.

Y le digo, ¡Hola caballito!

When Kingli sees me he gets very happy. First, I caress his muzzle.

And I tell him, Hello little pony!

Me monto de un salto al pelo sin silla ni estribos.

a Kingli no le gusta usarlos ni a mí tampoco.

With one jump I get on my horse bareback
without a saddle or stirrups.

Kingli doesn't like using them and me neither.

Clop, Clop, Clop, Clop, las patas de Kingly van

mientras galopeamos a paso lento por el camino

levantando polvo rojizo.

Klop, Klop, Klop, Klop Kingli's legs go

As we gallop slow by the road

lifting red dust.

A veces vamos más rápido y es muy divertido...

¡Ver la caña de azúcar verde

mientras respiro hacia adentro y respiro hacia afuera!

Sometimes we go faster and it is a lot of fun...

To see the green sugar cane

while I breath in and breath out!

Cuando paseo con Kingly por el cañaveral puedo oler el
dulce aroma de la caña de azúcar. Es un aroma sin igual,
una brisa calurosa y pesada que huele a azúcar melada.

When I ride Kingly by the sugar cane trails I can smell
the sweet aroma of the sugar cane. It's a unique aroma, a
warm and heavy breeze that smells like sugar syrup.

No puedo ir muy lejos sola...

Mi abuelo siempre me
dice: «no te alejes más
allá de la *Madrina*».

La *Madrina* es el tronco
grueso y oscuro en la esquina
de la empalizada más cercana
a la casa de campo.

I cannot go too far by myself...

My grandpa always tells me: "don't go past the *Madrina.*"

The *Madrina* is the thick and dark tree trunk at the corner
of the fence that is closest to the farm house.

¡A veces Kingly tiene sed y me lleva a la
pileta donde hay agua para beber!

Él baja el hocico y yo me doblo para ver. ¡Glup,
Glup hace Kingly haciendo ondas en el agua!

Sometimes Kingli is thirsty and he takes me to the
water tank where there is water to drink!

He brings his muzzle down and I bend down to look. Gulp,
Gulp Kingly goes as he makes ripples on the water!

Los niños del cañaveral siempre están cerca de la pileta. Ellos llenan de agua unas grandes latas de aluminio y contenedores de plástico que luego llevan en sus cabezas hacia sus viviendas.

The children from the sugar cane farm are always near the water tank.

They fill up big aluminum cans and plastic containers with water that they then carry on their heads to their houses.

Sus viviendas están lejos y los niños caminan y caminan...

Me siento triste por ellos porque todo este andar los cansa.

Ellos sonríen y nos saludan mientras siguen contentos por el camino.

Their houses are far away and the children walk and walk...

I feel sorry for them because all this walking tires them out.

They smile at us and greet us as they continue happily along the way.

¿Has probado alguna vez la caña de azúcar? No es una
fruta...es una planta con hierbas y tallos tipo cañas.

Es casi blanca por dentro luego de que su verde tallo es pelado,
muy dulce y jugosa y fibrosa y... no se traga... solo se mastica.

A Kingly le gusta más comer heno... ¡A mí me
encanta saborear la dulce caña de azúcar!
¡También el jugo de caña que se llama mabí es delicioso...y se me
parece a la sidra de manzana pero sabe a miel y es verde!

Have you ever had sugar cane? It is not a fruit...
it is a plant with grasses and stalks like reeds.

It's almost white inside once its green stalk is peeled off, very sweet
and juicy and stringy and...you do not swallow it...only chew it.

Kingly likes to eat hay better...I love savoring the sweet sugar cane!

Also, the sugar cane juice called *mabí* is delicious, and it looks
like apple cider to me, but tastes like honey and it's green!

Durante la zafra, los trabajadores se pasan todo el día cortando la caña.

El cañaveral ya no es tan verde como antes...

¡Hay colores más oscuros porque los campos de caña son quemados!

During the sugar harvest, the workers spend all day cutting the
sugar cane. The sugar cane field is no longer as green as before...

There are darker colours because the sugar cane fields are burnt!

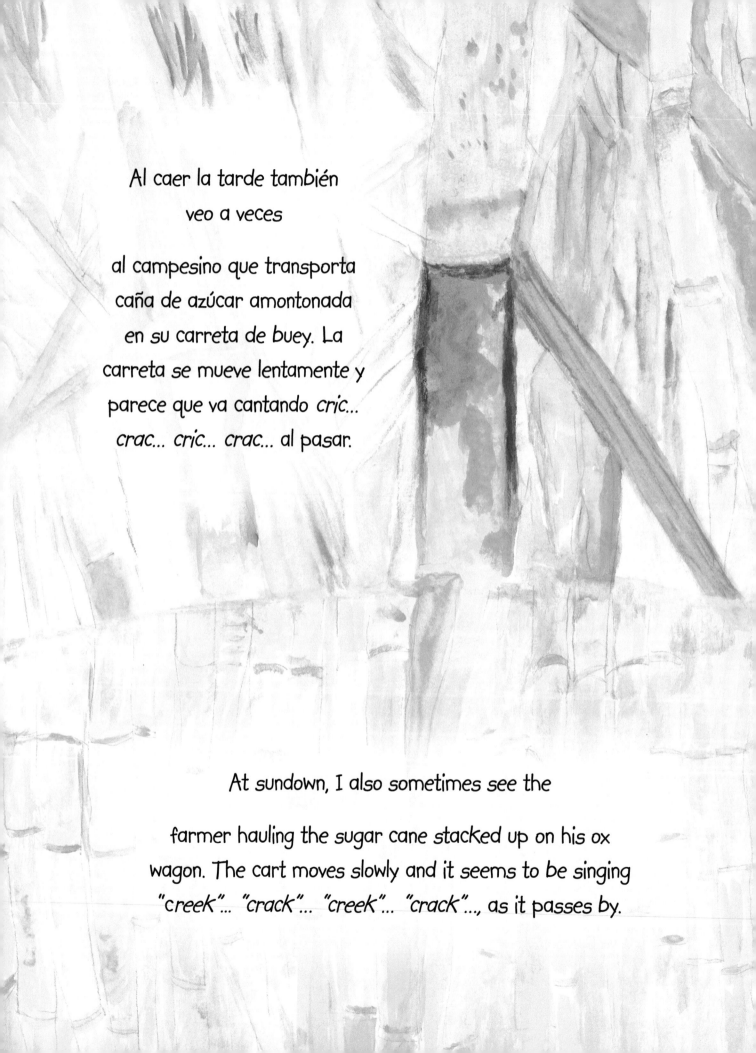

Al caer la tarde también
veo a veces

al campesino que transporta
caña de azúcar amontonada
en su carreta de buey. La
carreta se mueve lentamente y
parece que va cantando *cric...*
crac... cric... crac... al pasar.

At sundown, I also sometimes see the

farmer hauling the sugar cane stacked up on his ox
wagon. The cart moves slowly and it seems to be singing
"creek"... "crack"... "creek"... "crack"..., as it passes by.

En el ingenio, la caña es llevada
en vagones para ser molida...

Ahí la convierten en azúcar
y melaza. Cerca del ingenio
el aire es muy pesado por
el humo de las chimeneas.

At the sugar cane mill, the sugar cane is carried
on train carts to be processed...

There it is made into sugar and molasses. Near the sugar cane mill,
the air is very heavy due to the smoke coming from the chimneys.

En el cañaveral hay muchos días soleados y de cielo azul.

Siempre veo muchos colores, rojos, verdes, azules, y amarillos

Y varios colores marrones...

There are many sunny days and blue skies at the sugar cane farm.

I always see many colors, reds, greens, blues and yellows,

And a variety of browns...

Cuando llueve en el campo

todo huele a tierra mojada...

Hay muchas nubes

y el sol casi no aparece ese día.

When it rains at the farm

Everything smells like wet land...

There are many clouds

and the Sun hardly
appears that day.

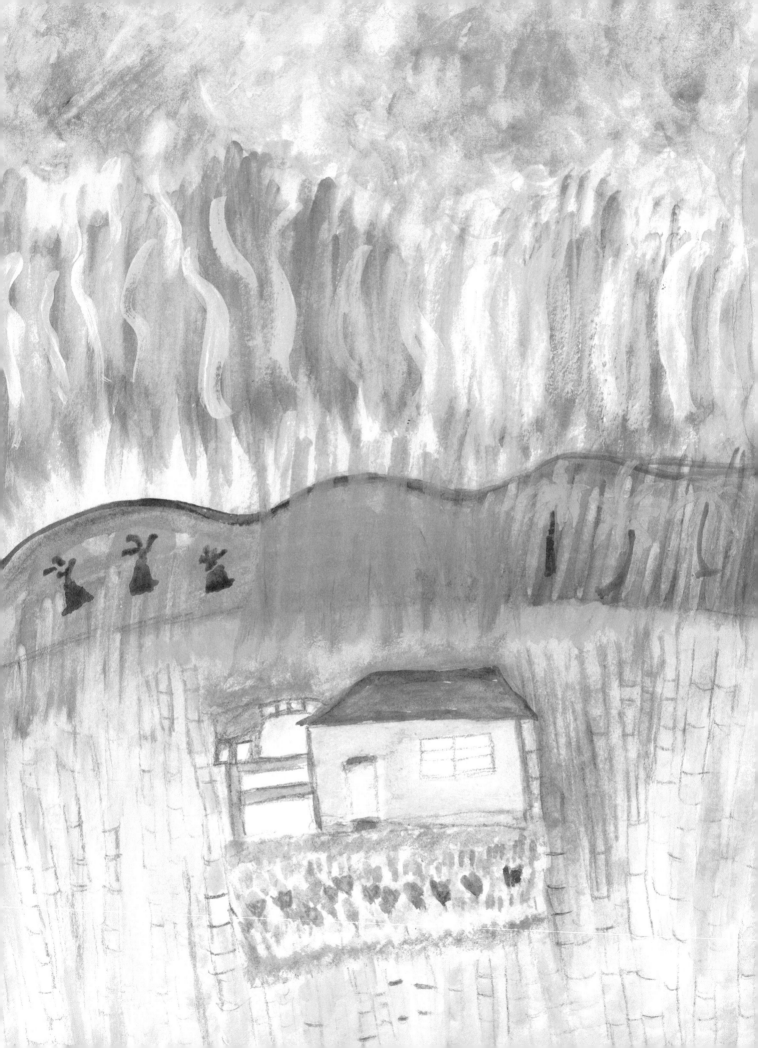

Y no puedo montar a Kingli...

¡Él se queda dentro del establo y yo en

la terraza!

Ahí puedo oír cuando caen las gotas de lluvia... ¡Plic!, ¡Plic!, ¡Plic!...
chocando contra las ventanas y paredes de toda la casa...

And I cannot ride Kingli...

He stays inside the barn and I on the porch!

There I can hear raindrops falling... Patter! Patter! Patter!
crashing against the windows and walls of the whole house...

que luego se convierten en fuertes chorros de agua que se deslizan
sobre el techo y golpean el suelo...¡Chof!, ¡Chof!, ¡Chof! ...

También oigo el estallido estrepitoso de los rayos
cuando se descargan cerca del techo de cinc!
Uno tras otro caen...¡Bum!, ¡Cataplum!

that then turn into strong water jets sliding over the roof
and hitting the ground... Splash! Splat! Splatter!

I also hear the loud explosion of bolts when discharged near
the zinc roof! One after the other they fall...Crash! Slash!

Al día siguiente...

¡Sale el sol y todo está seco y brillante afuera!

¡Hay una brisa limpia y fresca en el cañaveral! Mientras que las
flores de caña, se balancean y silban como plumeros...para esparcir
sus semillas tranquilamente entre las cañas de azúcar...

Un día perfecto para pasear alrededor con mi caballito...¡Así que... vamos!

The next day...

The Sun is out and everything outside is dry and bright!

There is a clean, fresh breeze in the sugar cane farm! While
the sugar cane flowers sway and swish like dusters... to sprinkle
their seeds peacefully among the sugar cane reeds...

A perfect day to ride around on my little horse...So...let's go!

Espero que te haya gustado
el paseo por el cañaveral!

¡Uy!¡Hace mucho calor!
Voy a beber un jugo de
caña de azúcar...

¡Nos veremos pronto!

con cariño,

Anelly

I hope you enjoyed going
around the sugar cane farm!

Ah! It is too hot! I am going to
have some sugar cane juice...

I will see you soon!

with love,

Anelly

Anelly Schwab Alfaro nació en Santo Domingo, República Dominicana. Es autora de ¡Hoy voy a la Playa! – Today I go to the Beach! Actualmente, es profesora de español y traductora en la Florida donde vive con su familia.

Anelly Schwab Alfaro was born in Santo Domingo, Dominican Republic. She is the author of Hoy voy a la playa! Today I go to the beach! She is a Spanish teacher and translator from Florida where she lives with her family.